TRANSLATED

Translated Language Learning

The Monkey's Paw
Maymun Pençesi

W.W. Jacobs

English / Türkçe

Copyright © 2023 Tranzlaty
All rights reserved.
Published by Tranzlaty
ISBN: 978-1-83566-266-3
Original text by W.W. Jacobs
The Monkey's Paw
First published in English in 1902
www.tranzlaty.com

Part One
BİRİNCİ BÖLÜM

outside the night was cold and wet
Dışarıda gece soğuk ve ıslaktı
but all was well in the small parlour of Laburnam Villa
ama Laburnam Villa'nın küçük salonunda her şey yolundaydı
the fire burned brightly and the blinds were drawn
Ateş pırıl pırıl yandı ve panjurlar çekildi
the white-haired old lady was knitting by the fire
Beyaz saçlı yaşlı kadın ateşin yanında örgü örüyordu
and father and son were busy playing chess
Baba ve oğul satranç oynamakla meşguldüler
the father liked to play the game dangerously
Baba oyunu tehlikeli bir şekilde oynamayı severdi
he often put his king into unnecessary perils
Kralını sık sık gereksiz tehlikelere sokar
and this time he had left the king too exposed
Ve bu sefer kralı çok açıkta bırakmıştı
he had seen the mistake he made
Yaptığı hatayı görmüştü
but it was too late to change it
Ama bunu değiştirmek için çok geçti
"Hark at the wind!" said Mr. White, amiably
"Rüzgâra aldırış et!" dedi Bay White dostça
he tried to distract his son from seeing the mistake
Oğlunun hatayı görmesini engellemeye çalıştı
"I'm listening," said the son
"Dinliyorum," dedi oğul
although he was grimly surveying the board
Tahtayı acımasızca inceliyor olmasına rağmen
he put the king into check
Kralı kontrol altına aldı
"I can't imagine he'll come tonight," said his father
"Bu gece geleceğini hayal bile edemiyorum," dedi babası
and he went to put his hand to the board

Ve elini tahtaya koymaya gitti
"and check mate," added the son
"Ve şah mat," diye ekledi oğul
Mr. White was quite overcome with anger for a moment
Bay White bir an için öfkeye kapıldı
"That's the problem with living so far out!"
"Bu kadar uzakta yaşamanın sorunu bu!"
"it's such a beastly place to live in"
"Yaşamak için çok canavarca bir yer"
"and it's too far out of the way of things"
"Ve bu işlerin yolundan çok uzak"
"The pathway to the house is a bog"
"Eve giden yol bir bataklık"
"and the road's probably a torrent by now"
"Ve yol muhtemelen şimdiye kadar bir seldir"
"I don't know what the people were thinking!"
"İnsanların ne düşündüğünü bilmiyorum!"
"perhaps because only two houses in the road are let"
"Belki de yoldaki sadece iki ev kiraya verildiği için"
"they must think that it doesn't matter"
"Önemli olmadığını düşünmeliler"
"Never mind, dear," said his wife, soothingly
"Boş ver canım," dedi karısı yatıştırıcı bir şekilde
"perhaps you'll win the next game"
"Belki bir sonraki maçı kazanırsın"
mother and son shared a knowing glance
Anne ve oğul bilgili bir bakış paylaştı
Mr. White looked up just in time to notice
Bay White bunu fark etmek için tam zamanında başını kaldırdı
The words died away on his lips
Kelimeler dudaklarında kayboldu
he hid a guilty grin in his thin grey beard
İnce gri sakalında suçlu bir sırıtış sakladı
there was a loud bang at the gate
Kapıda yüksek bir patlama oldu
"There he is," said Herbert White
"İşte burada," dedi Herbert White

and heavy footsteps came towards the door
Ve ağır ayak sesleri kapıya doğru geldi
The old man rose with hospitable haste
Yaşlı adam misafirperver bir aceleyle ayağa kalktı
he opened the door for his friend
Arkadaşına kapıyı açtı
and he was heard condoling with the new arrival
ve yeni gelene başsağlığı dilediği duyuldu
eventually Mrs. White called the men in
Sonunda Bayan White adamları içeri çağırdı
she coughed gently as her husband entered the room
Kocası odaya girerken hafifçe öksürdü
he was followed by a tall, burly man
Onu uzun boylu, iri yarı bir adam izledi
he was beady of eye, and rubicund of visage
Boncuk boncuk gözlü, çehre yiğitti
"Sergeant-Major Morris," he said, introducing his friend
"Başçavuş Morris," dedi arkadaşını tanıtırken
The sergeant-major shook hands
Başçavuş el sıkıştı
and he took the proffered seat by the fire
Ateşin yanındaki koltuğa oturdu
his host got out the whiskey and tumblers
Ev sahibi viskiyi ve bardakları çıkardı
and he put a small copper kettle on the fire
Ve ateşe küçük bir bakır su ısıtıcısı koydu

After his third whiskey his eyes got brighter
Üçüncü viskisinden sonra gözleri daha da parladı
and gradually he began to talk more freely
Ve yavaş yavaş daha özgürce konuşmaya başladı
the little family circled their visitor
Küçük aile ziyaretçilerinin etrafında döndü
he squared his broad shoulders in the chair
Geniş omuzlarını sandalyeye yasladı
and he spoke of wild scenes and doughty deeds
Ve vahşi sahnelerden ve hamurlu işlerden bahsetti

he spoke of wars and plagues and strange peoples
Savaşlardan, vebalardan ve garip halklardan bahsetti
"Twenty-one years of it," said Mr. White
"Yirmi bir yıl," dedi Bay White
and he nodded to his wife and son
Karısına ve oğluna başını salladı
"he was just working in the warehouse then"
"O zamanlar sadece depoda çalışıyordu"
"When he went away he was just a youth"
"Gittiğinde sadece bir gençti"
"Now look at him, after all these years"
"Şimdi ona bak, bunca yıldan sonra"
although Mrs. White politely flattered him;
Bayan White onu kibarca pohpohlasa da;
"He doesn't look like he has been too damaged"
"Çok fazla hasar görmüş gibi görünmüyor"
"I'd like to go to India myself," said the old man
"Ben de Hindistan'a gitmek istiyorum," dedi yaşlı adam
"just to look around a bit, you know"
"Sadece biraz etrafa bakmak için, biliyorsun"
but the sergeant-major advised against it
Ancak başçavuş buna karşı tavsiyede bulundu
"you're better off where you are"
"Olduğun yerde daha iyisin"
he shook his head at the memory
Anısına başını salladı
He put down the empty glass of whiskey
Boş viski bardağını bıraktı
sighing softly, he shook his head again
Usulca iç çekerek tekrar başını salladı
but the old man continued to dream of it
Ama yaşlı adam bunun hayalini kurmaya devam etti
"I would like to see those old temples"
"O eski tapınakları görmek istiyorum"
"and I'd like to see the fakirs and jugglers"
"ve fakirleri ve hokkabazları görmek istiyorum"
"What is it you were telling me the other day?"

"Geçen gün bana ne söylüyordun?"
"wasn't it something about a monkey's paw, Morris?"
"Maymun pençesiyle ilgili bir şey değil miydi Morris?"
"Nothing," said the soldier, hastily
"Hiçbir şey," dedi asker aceleyle,
"it's nothing worth hearing about"
"Duymaya değer bir şey değil"
"a monkey's paw?" said Mrs. White, curiously
"Maymun pençesi mi?" dedi Bayan White merakla
the sergeant-major knew he had to explain a little
Başçavuş biraz açıklama yapması gerektiğini biliyordu
"Well, it's just a bit of what you might call magic"
"Şey, bu sadece sihir diyebileceğin şeyin bir parçası."
His three listeners leaned forward eagerly
Üç dinleyicisi hevesle öne doğru eğildi
The visitor put his empty glass to his lips
Ziyaretçi boş bardağını dudaklarına götürdü
for a moment he had forgot where he was
Bir an için nerede olduğunu unutmuştu
and then he put the glass down again
Ve sonra bardağı tekrar yere koydu
His host kindly refilled the glass for him
Ev sahibi bardağı onun için yeniden doldurdu
he fumbled in his pocket for something
Cebinde bir şey aradı.
"To look at, it's just an ordinary little paw"
"Bakmak için, bu sadece sıradan küçük bir pençe"
"it has all but dried to a mummy"
"Bir mumyaya kadar kurudu"
and he took something out of his pocket
Ve cebinden bir şey çıkardı
he offered it to anyone who wanted it
İsteyen herkese teklif etti
Mrs. White drew back with a grimace
Bayan White yüzünü buruşturarak geri çekildi
but her son didn't hesitate at the opportunity
Ama oğlu bu fırsatta tereddüt etmedi

and he took the monkey paw from the guest
Ve maymun pençesini misafirden aldı
he examined it with great curiosity
Büyük bir merakla inceledi
soon it was his dad's turn to hold the monkey paw
Kısa süre sonra maymun pençesini tutma sırası babasına geldi
having examined it, he placed it upon the table
İncelendikten sonra masanın üzerine koydu
"And what is so special about it?" he asked
"Peki bu kadar özel olan ne?" diye sordu
"It had a spell put on it," said the sergeant-major
"Üzerinde bir büyü vardı," dedi başçavuş
"he was an old fakir; a very holy man"
"Eski bir fakirdi; çok kutsal bir adam"
"and he wanted to teach people a lesson"
"Ve insanlara bir ders vermek istedi"
"He wanted to show that fate ruled our lives"
"Kaderin hayatımızı yönettiğini göstermek istedi"
"don't interfere with fate," he warned
"Kadere karışma" diye uyardı
"so he put a spell on the paw"
"Bu yüzden pençeye büyü yaptı"
"three men could have the monkey paw"
"Üç adam maymun pençesine sahip olabilir"
"they could each have three wishes from it"
"Her birinin ondan üç dileği olabilir"
his audience found the story quite funny
İzleyicileri hikayeyi oldukça komik buldu
but their laughter quickly felt inappropriate
ama kahkahaları çabucak uygunsuz geldi
the story teller certainly wasn't laughing
Hikaye anlatıcısı kesinlikle gülmüyordu
Herbert tried to lighten the mood in the room
Herbert odadaki havayı yumuşatmaya çalıştı
"Well, why don't you have three wishes, sir?"
"Peki, neden üç dileğiniz yok efendim?"
those with experience have a quiet about them

Tecrübesi olanlar onlar hakkında sessizlik yaşarlar
the soldier calmly regarded the youth
Asker sakince gençlere baktı
"I've had my wishes," he said, quietly
"Dileklerimi yerine getirdim," dedi sessizce
and his blotchy face turned a grave white
ve lekeli yüzü bembeyaz oldu
"And did you really have the three wishes granted?"
"Peki gerçekten üç dileğin yerine getirildi mi?"
"I had my wishes granted," confirmed the sergeant-major
"Dileklerim yerine getirildi," diye onayladı başçavuş
"And has anybody else wished?" asked the old lady
"Peki dileyen var mı?" diye sordu yaşlı kadın
"The first man had his three wishes," was the reply
"İlk adamın üç dileği vardı" diye cevap verdi
"I don't know what the first two wishes were"
"İlk iki dileğin ne olduğunu bilmiyorum"
"but the third wish was for death"
"Ama üçüncü dilek ölümdü"
"That's how I got the monkey's paw"
"Maymunun pençesini böyle aldım"
His tones had gotten very grave
Ses tonu çok ciddileşmişti
a dark hush fell upon the group
Grubun üzerine karanlık bir sessizlik çöktü
"you've had your three wishes," pondered Mr. White
"Üç dileğini yerine getirdin," diye düşündü Bay White
"it's no good to you now, then, Morris"
"O zaman şimdi senin için iyi değil, Morris"
"What do you keep it for?"
"Ne için saklıyorsun?"
The soldier shook his head
Asker başını salladı
"it's a reminder, I suppose," he said, slowly
"Sanırım bu bir hatırlatma," dedi yavaşca
"I did have some idea of selling it"
"Satmak gibi bir fikrim vardı"

"but I don't think I will sell it"
"ama satacağımı sanmıyorum"
"It has caused enough mischief already"
"Zaten yeterince fitneye sebep oldu"
"Besides, people won't buy it"
"Ayrıca, insanlar satın almayacak"
"They think it's a fairy tale"
"Bunun bir peri masalı olduğunu düşünüyorlar"
"some are a little more curious than others"
"Bazıları diğerlerinden biraz daha meraklı"
"but they want to try it first before paying me"
"Ama bana ödeme yapmadan önce denemek istiyorlar"
the old man asked him with genuine curiosity
Yaşlı adam ona içten bir merakla sordu
"would you want to have another three wishes?"
"Üç dilek daha ister misin?"
"I don't know..." said the soldier, "I don't know"
"Bilmiyorum..." asker, "Bilmiyorum" dedi

He took the paw from the table
Pençeyi masadan aldı
and he dangled it between his forefinger and thumb
ve işaret parmağı ile başparmağı arasında sarkıttı
suddenly he threw it into the fire
Aniden onu ateşe attı
the family cried out in surprise and shock
Aile şaşkınlık ve şok içinde haykırdı
but most of all they cried out with regret
ama en çok pişmanlıkla haykırdılar
Mr White stooped down and snatched it out the fire
Bay White eğildi ve onu ateşten kaptı
"Better let it burn," said the soldier
"Bırak yansın," dedi asker
"If you don't want it, Morris, give it to me"
"Eğer istemiyorsan, Morris, bana ver."
"I won't give it to you," said his friend, doggedly
"Sana vermeyeceğim," dedi arkadaşı inatla

"I meant to throw it on the fire"
"Ateşe atmak istedim"
"If you keep it, don't blame me for what happens"
"Eğer tutarsan, olanlar için beni suçlama"
"Pitch it on the fire again like a sensible man"
"Aklı başında bir adam gibi tekrar ateşe at"
but the old man shook his head
Ama yaşlı adam başını salladı
instead, he examined his new possession closely
Bunun yerine, yeni mülkünü yakından inceledi
"How do you do it?" he inquired
"Bunu nasıl yapıyorsun?" diye sordu
"you have to hold it up in your right hand"
"Sağ elinde tutmalısın"
"then you have to wish aloud," said the sergeant-major
"O zaman yüksek sesle dilemelisin," dedi Başçavuş
"but I warn you of the consequences"
"ama seni sonuçları konusunda uyarıyorum"
"Sounds like the Arabian Nights," said Mrs. White
"Binbir Gece Masalları'na benziyor," dedi Bayan White
and she rose and began to set the supper
Ve ayağa kalktı ve akşam yemeğini hazırlamaya başladı
"you could wish for four pairs of hands, for me"
"Benim için dört çift el dileyebilirsin"
Her husband held the talisman up
Kocası tılsımı kaldırdı
the sergeant-major caught him by the arm
Başçavuş onu kolundan yakaladı
and he had a look of alarm on his face
Ve yüzünde telaşlı bir ifade vardı
and then all three burst into laughter
Ve sonra üçü de kahkahalara boğuldu
but the guest was not as amused as his hosts
Ancak misafir, ev sahipleri kadar eğlenmedi
"If you must wish, wish for something sensible"
"Eğer istersen, mantıklı bir şey dile"
Mr. White dropped the paw into his pocket

Bay White pençeyi cebine attı
supper had now almost been set up
Akşam yemeği neredeyse kurulmuştu
Mr White placed the chairs around the table
Bay White sandalyeleri masanın etrafına yerleştirdi
and he motioned his friend to come and eat
Arkadaşına gelip yemek yemesini işaret etti
supper became more interesting than the talisman
Akşam yemeği tılsımdan daha ilginç hale geldi
and the talisman was partly forgotten
Ve tılsım kısmen unutuldu
anyway, there were more tales from India
Her neyse, Hindistan'dan daha fazla hikaye vardı
and the guest entertained them with other stories
Ve konuk onları başka hikayelerle eğlendirdi

the evening had been very enjoyable
Akşam çok keyifliydi
Morris left just in time to catch the last train
Morris son trene yetişmek için tam zamanında ayrıldı
Herbert had been most entertained by the stories
Herbert en çok hikayelerden etkilenmişti
"imagine if all the stories he told us are true"
"BİZE ANLATTIĞI TÜM HİKAYELERİN DOĞRU OLUP OLMADIĞINI HAYAL EDİN"
"imagine if the monkey's paw really was enchanted"
"Maymunun pençesinin gerçekten büyülendiğini hayal edin"
"we shall take it with a pinch of salt"
"Bir tutam tuzla alacağız"
Mrs. White was curious about it too
Bayan White da bunu merak ediyordu
"Did you give him anything for it, father?"
"Ona bunun için bir şey verdin mi baba?"
and she watched her husband closely
Ve kocasını yakından izledi
"A trifle," said he, colouring slightly
"Önemsiz bir şey," dedi hafifçe renklendirerek

"He didn't want it, but I made him take it"
"İstemedi ama ben aldırdım"
"And he pressed me again to throw it away"
"Ve onu atmam için bana tekrar baskı yaptı"
"you must!" said Herbert, with pretended horror
"Yapmalısın!" dedi Herbert, dehşete düşmüş gibi yaparak
"Why, we're going to be rich, and famous and happy"
"Neden, zengin olacağız, ünlü olacağız ve mutlu olacağız"
"you should make the wish to be an emperor, father"
"İmparator olmayı dilemelisin, baba"
and he had to run around the table to finish the joke
Ve şakayı bitirmek için masanın etrafında koşmak zorunda kaldı
"then you won't be pecked by the hens"
"O zaman tavuklar tarafından gagalanmayacaksın"
his mum was chasing him with a dishcloths
Annesi onu bulaşık beziyle kovalıyordu
Mr. White took the paw from his pocket
Bay White pençesini cebinden çıkardı
he eyed the mummified monkey's paw dubiously
Mumyalanmış maymunun pençesine şüpheyle baktı
"I don't know what to wish for"
"Ne dileyeceğimi bilmiyorum"
"and that's a fact," he said, slowly
"Ve bu bir gerçek," dedi yavaşça
"It seems to me I've got all I want"
"Bana öyle geliyor ki istediğim her şeye sahibim"
"but you could pay off the house," suggested Herbert
"Ama evin parasını ödeyebilirsin," diye önerdi Herbert
"imagine how happy you'd be then!"
"O zaman ne kadar mutlu olacağını hayal et!"
"you make a good point," his dad laughed
"İyi bir noktaya değiniyorsun," diye güldü babası
"Well, wish for two hundred pounds, then"
"Peki, o zaman iki yüz pound dile"
"that would be enough for the mortgage"
"Bu ipotek için yeterli olur"

he had to blush at his own credulity
Kendi saflığından kızarmak zorunda kaldı
but he held up the talisman with his right hand
Ama tılsımı sağ eliyle kaldırdı
his son showed a solemn face to his father
Oğlu babasına ciddi bir yüz gösterdi
but, to the side, he winked to his mother
Ama yan yana annesine göz kırptı
and he sat down at the piano
Ve piyanonun başına oturdu
and he struck a few serious sounding chords
Ve birkaç ciddi ses akoru vurdu
the old man distinctly made his wish
Yaşlı adam açıkça dileğini dile getirdi
"I wish for two hundred pounds"
"İki yüz pound istiyorum"
A fine crescendo from the piano greeted the words
Piyanodan gelen güzel bir kreşendo sözleri selamladı
but then a shuddering cry came from the old man
Ama sonra yaşlı adamdan ürpertici bir çığlık geldi
His wife and son ran towards him
Karısı ve oğlu ona doğru koştu
"It moved," he cried, "the hand moved!"
"Hareket etti," diye bağırdı, "el hareket etti!"
he looked with disgust at the object on the floor
Yerdeki nesneye tiksintiyle baktı
"As I made my wish it twisted in my hand"
"Dileğimi tutarken elimde büküldü"
"it moved in my hand like a snake"
"Elimde yılan gibi hareket etti"
"Well, I don't see the money," said his son
"Parayı görmüyorum," dedi oğlu
he picked the paw from the floor
Pençeyi yerden aldı
and he placed the withered hand on the table
Ve solmuş elini masanın üzerine koydu
"and I bet I never shall see the money"

"ve bahse girerim parayı asla göremeyeceğim"
"It must have been your fancy, father," said his wife
"Senin fantezin olmalı, baba," dedi karısı
"imaginations do have a way of playing tricks"
"Hayal gücünün bir oyun oynama şekli vardır"
but she continued to regard him anxiously
Ama ona endişeyle bakmaya devam etti
He collected his calm and shook his head
Sakinliğini topladı ve başını salladı
"Never mind, though, there's no harm done"
"Boşver, yine de zarar yok"
"but it did give me quite a shock"
"Ama bu beni oldukça şok etti"

They sat down by the fire again
Tekrar ateşin yanına oturdular
the two men smoked the rest of their pipes
İki adam pipolarının geri kalanını tüttürdü
outside, the wind was stronger than ever
Dışarıda, rüzgar her zamankinden daha güçlüydü
the old man was on edge all night
Yaşlı adam bütün gece gergindi
a door upstairs shut itself with a bang
Üst kattaki bir kapı bir patlama ile kendini kapattı
and he almost jumped out of his skin
Ve neredeyse derisinden fırlayacaktı
an unusual and depressing silence settled upon the room
Odaya alışılmadık ve iç karartıcı bir sessizlik çöktü
eventually Herbert retired for the night
sonunda Herbert gece için emekli oldu
but he couldn't help teasing them a little more
Ama onlarla biraz daha alay etmekten kendini alamadı
"I expect you'll find the cash tied up"
"Parayı bağlı bulacağınızı umuyorum"
"it'll all be in the middle of your bed"
"Hepsi yatağının ortasında olacak"
"but there'll be something horrible in your room"

"Ama odanda korkunç bir şey olacak"
"it will be squatting on top of the wardrobe"
"Gardırobun üstüne çömelerek olacak"
"and it'll watch you as you pocket your ill-gotten gains"
"Ve haksız kazançlarınızı cebinize atarken sizi izleyecek"
"good night mother, good night father"
"İyi geceler anne, iyi geceler baba"
Mrs. White soon went to bed too
Bayan White da kısa süre sonra yatağa gitti
The old man sat alone in the darkness
Yaşlı adam karanlıkta tek başına oturuyordu
he spend some time gazing at the dying fire
Sönmekte olan ateşe bakarak biraz zaman geçirdi
in the fire he could see horrible faces
Ateşin içinde korkunç yüzler görebiliyordu
they had something strangely ape-like to them
Garip bir şekilde maymun gibi bir şeyleri vardı
and he couldn't help gazing in amazement
Ve şaşkınlıkla bakmaktan kendini alamadı
but it all got a little too vivid
Ama her şey biraz fazla canlı hale geldi
with an uneasy laugh he reached for the glass
Tedirgin bir kahkaha ile bardağa uzandı
he was going to throw some water on the fire
Ateşe biraz su atacaktı
but his hand happened upon the monkey's paw
ama eli maymunun pençesine takıldı
a little shiver ran down his spine
Omurgasından küçük bir ürperti geçti
he wiped his hand on his coat
Elini paltosuna sildi
and finally he also went up to bed
Ve sonunda o da yatağa gitti

Part Two
İKİNCİ BÖLÜM

In the brightness of the wintry sun the next morning
Ertesi sabah kış güneşinin parlaklığında
the sun streamed over the breakfast table
Kahvaltı masasının üzerinden güneş süzülüyordu
He laughed at his fears from the previous night
Önceki geceki korkularına güldü
There was an air of prosaic wholesomeness in the room
Odada sıradan bir bütünlük havası vardı
the mood had lacked this optimism on the previous night
Önceki gece ruh hali bu iyimserlikten yoksundu
The dirty, shrivelled little paw was put on the sideboard
Kirli, buruşuk küçük pençe büfeye kondu
The paw was put there somewhat carelessly
Pençe oraya biraz dikkatsizce kondu
as if there was no great belief in its virtues
sanki erdemlerine büyük bir inanç yokmuş gibi
"I suppose all old soldiers are the same," said Mrs. White
"Sanırım bütün eski askerler aynı," dedi Bayan White
"funny to think we were listening to such nonsense!"
"Böyle saçmalıkları dinlediğimizi düşünmek komik!"
"How could wishes be granted in these days?"
"Bu günlerde dilekler nasıl yerine getirilebilir?"
"And how could two hundred pounds hurt you, father?"
"Peki iki yüz pound sana nasıl zarar verebilir baba?"
Herbert had a joke for this too
Herbert'in de bunun için bir şakası vardı
"it might drop on his head from the sky"
"Gökten kafasına düşebilir"
but his father still didn't find it all funny
Ama babası yine de her şeyi komik bulmuyordu
"Morris said the things happened very naturally"
"Morris her şeyin çok doğal olduğunu söyledi"
"you might, if you so wished, attribute it to coincidence"

"İstersen bunu tesadüfe bağlayabilirsin"
Herbert rose from the table, but made one last joke
Herbert masadan kalktı ama son bir şaka yaptı
"Well, don't start spending the money before I come back"
"Pekala, ben geri dönmeden önce parayı harcamaya başlama"
"I'm afraid it'll turn you into a mean, avaricious man"
"Korkarım seni kaba, açgözlü bir adama dönüştürecek"
"and then we shall have to disown you"
"Ve o zaman seni reddetmek zorunda kalacağız"
His mother laughed and followed him to the door
Annesi güldü ve onu kapıya kadar takip etti
She watched him down the road
Onu yolun aşağısında izledi
then she returned back to the breakfast table
Sonra kahvaltı masasına geri döndü
she was very happy at the expense of her husband's credulity
Kocasının saflığı pahasına çok mutluydu
but she did hurry to the door when the postman knocked
Ama postacı kapıyı çaldığında aceleyle kapıya gitti
the postman had brought her a bill from the tailor
Postacı ona terziden bir fatura getirmişti
and she did comment about the monkey's paw again
Ve yine maymunun pençesi hakkında yorum yaptı

the rest of the day was quite uneventful
Günün geri kalanı oldukça olaysızdı
Mr. and Mrs. White were getting ready to have dinner
Bay ve Bayan White akşam yemeği yemeye hazırlanıyorlardı
They were expecting Herbert back any minute now
Herbert'in her an geri dönmesini bekliyorlardı
Mrs White got to talking about her son
Bayan White oğlu hakkında konuşmaya başladı
"He'll have some more of his funny remarks"
"Komik sözlerinden biraz daha fazlasını alacak"
"I'm sure he will," said Mr. White
"Eminim yapacaktır," dedi Bay White

and he poured himself out some beer
Ve kendine biraz bira döktü
"but, joking aside, the thing moved in my hand"
"Ama şaka bir yana, şey elimde hareket etti"
""you thought," said the old lady, soothingly
"Düşündün," dedi yaşlı kadın yatıştırıcı bir şekilde
"I say it DID move," replied the other
"Hareket ettiğini söylüyorum," diye yanıtladı diğeri
"There was no 'thought' about it"
"Bu konuda hiçbir 'düşünce' yoktu"
"I was about to... What's the matter?"
"Yapmak üzereydim... Sorun ne?"
His wife made no reply
Karısı cevap vermedi
She was watching the mysterious movements of a man outside
Dışarıdaki bir adamın gizemli hareketlerini izliyordu
He appeared to be trying to make up his mind to enter
İçeri girmeye karar vermeye çalışıyor gibiydi
she made a mental connection with the two hundred pounds
İki yüz pound ile zihinsel bir bağlantı kurdu
and she noticed that the stranger was well dressed
Ve yabancının iyi giyimli olduğunu fark etti
He wore a silk hat of glossy newness
Parlak yeniliğin ipek bir şapkasını takıyordu
Three times he paused at the gate
Kapıda üç kez durdu
Then he walked away again
Sonra tekrar uzaklaştı
The fourth time he stood with his hand on the gate
Dördüncü kez elini kapıda tuttu
resolutely, he flung the gate open
Kararlı bir şekilde kapıyı açtı
and he walked up the path towards the house
Ve eve doğru patikadan yukarı yürüdü
She hurriedly unfastened the strings of her apron

Aceleyle önlüğünün iplerini çözdü
and put that apron beneath the cushion of her chair
ve o önlüğü sandalyesinin minderinin altına koydu
then she went to the door to let the stranger in
Sonra yabancıyı içeri almak için kapıya gitti
He entered slowly, and gazed at her furtively
Yavaşça içeri girdi ve ona gizlice baktı
the old lady apologized for the appearance of the room
Yaşlı kadın odanın görünümü için özür diledi
but he listened in a preoccupied fashion
ama meşgul bir şekilde dinledi
She also apologized for her husband's coat
Ayrıca kocasının paltosu için özür diledi
a garment which he usually reserved for the garden
genellikle bahçe için ayırdığı bir giysi
She waited patiently for him to say why he had come
Neden geldiğini söylemesini sabırla bekledi
but he was at first strangely silent
Ama ilk başta garip bir şekilde sessizdi
"I was asked to come to you," he said, at last
"Sana gelmem istendi," dedi sonunda
He stooped to pick a piece of cotton from his trousers
Pantolonundan bir parça pamuk almak için eğildi
"I come from Maw and Meggins"
"Maw ve Meggins'ten geliyorum"
The old lady was startled by what he had said
Yaşlı kadın söyledikleri karşısında irkildi
"Is anything the matter?" she asked, breathlessly
"Bir şey var mı?" diye sordu nefes nefese
"Has anything happened to Herbert?
"Herbert'e bir şey oldu mu?
"What is it? What happened to him?"
"Bu nedir? Ona ne oldu?"
"wait a little, mother," said her husband, hastily
"Biraz bekle anne," dedi kocası aceleyle.
"Sit down, and don't jump to conclusions"
"Oturun ve hemen sonuca varmayın"

"You've not brought bad news, I'm sure, Sir"
"Kötü haber getirmediniz, eminim efendim"
and he eyed the stranger wistfully
Ve yabancıya özlemle baktı
"I'm sorry..." began the visitor
"Üzgünüm..." ziyaretçi başladı
"Is he hurt?" demanded the mother, wildly
"Yaralandı mı?" diye sordu anne çılgınca
The visitor bowed in assent
Ziyaretçi onaylayarak eğildi
"Badly hurt," he said, quietly
"Çok incinmiş," dedi sessizce
"but he is not in any pain"
"Ama hiç acı çekmiyor"
"Oh, thank God!" said the old woman
"Ah, Tanrıya şükür!" dedi yaşlı kadın
and she clasped her hands to pray
Ve dua etmek için ellerini kenetledi
"Thank God for that! Thank..."
"Bunun için Tanrı'ya şükürler olsun! Teşekkür..."
She broke off her sentence suddenly
Cümlesini aniden kesti
the sinister meaning of the assurance dawned upon her
Güvencenin uğursuz anlamı onun üzerine doğdu
she looked into the strangers averted face
Yabancıların çekingen yüzüne baktı
and she saw the awful confirmation of her fears
Ve korkularının korkunç bir şekilde doğrulandığını gördü
she caught her breath for a moment
Bir an nefesini tuttu
and she turned to her slower-witted husband
Ve daha yavaş zekalı kocasına döndü
She laid her trembling old hand upon his hand
Titreyen yaşlı elini elinin üzerine koydu
There was a long silence in the room
Odada uzun bir sessizlik oldu
finally the visitor broke the silence, in a low voice

Sonunda ziyaretçi alçak sesle sessizliği bozdu
"He was caught in the machinery"
"Makinelere yakalandı"
"Caught in the machinery," repeated Mr. White
"Makineye yakalandım," diye tekrarladı Bay White
he muttered the words in a dazed fashion
Kelimeleri sersemlemiş bir şekilde mırıldandı
He sat staring blankly out at the window
Boş gözlerle pencereden dışarı bakarak oturdu
he took his wife's hand between his own
Karısının elini kendi elinin arasına aldı
he turned gently towards the visitor
Nazikçe ziyaretçiye döndü
"He was the only one left to us"
"Bize bir tek o kaldı"
"It is hard," The other replied
"Zor," diye yanıtladı diğeri
Rising, he walked slowly to the window
Ayağa kalkarak yavaşça pencereye doğru yürüdü
"The firm wished me to convey their sincere sympathy"
"Firma samimi taziyelerini iletmemi istedi"
"we recognize that you have suffered a great loss"
"Büyük bir kayıp yaşadığınızın farkındayız"
but he was unable to look them in the eyes
ama gözlerinin içine bakamıyordu
"I beg that you will understand I am only their messenger"
"Yalvarırım ki ben sadece onların elçisiyim"
"I am merely obeying the orders they gave me"
"Ben sadece bana verdikleri emirlere itaat ediyorum"
There was no reply from the old couple
Yaşlı çiftten cevap gelmedi
The old woman's face was white
Yaşlı kadının yüzü bembeyazdı
Her eyes were staring
Gözleri bakıyordu
Her breath was inaudible
Nefesi duyulmuyordu

her husband was looking into some middle distance
Kocası orta mesafeye bakıyordu
"Maw and Meggins disclaim all responsibility"
"Maw ve Meggins tüm sorumluluğu reddediyor"
"They admit no liability at all"
"Hiçbir sorumluluk kabul etmiyorlar"
"but they are considerate of your son's services"
"Ama oğlunun hizmetlerine karşı düşünceliler"
"they wish to present you with some compensation"
"Size bir miktar tazminat sunmak istiyorlar"
Mr. White dropped his wife's hand
Bay White karısının elini düşürdü
he rose to his feet for what he was about to ask
Sormak üzere olduğu şey için ayağa kalktı
and he gazed with a look of horror at his visitor
Ve ziyaretçisine dehşet dolu bir bakışla baktı
His dry lips shaped the words, "How much?"
Kuru dudakları "Ne kadar?" kelimelerini şekillendirdi.
"Two hundred pounds," was the answer
"İki yüz pound" cevabıydı
his wife gave out a shriek when she heard the number
Karısı numarayı duyunca bir çığlık attı
the old man only smiled faintly
Yaşlı adam sadece hafifçe gülümsedi
He held out his hands like a sightless man
Görmeyen bir adam gibi ellerini uzattı
and he dropped into a senseless heap on the floor
Ve yerdeki anlamsız bir yığınının içine düştü

Part Three
Üçüncü Bölüm

In the huge new cemetery
Kocaman yeni mezarlıkta
two miles away from the house
evden iki mil uzakta
the old people buried their dead son
Yaşlılar ölen oğullarını gömdüler
They came back to their house together
Birlikte evlerine geri döndüler
they were steeped in shadow and silence
Gölge ve sessizliğe bürünmüşlerdi
It was all over so quickly
Her şey çok çabuk bitti
they could hardly take in what had happened
Olanları zar zor kabul edebildiler
They remained in a state of expectation
Beklenti halinde kaldılar
as though of something else was going to happen
sanki başka bir şey olacakmış gibi
something else, which was to lighten this load
Bu yükü hafifletecek başka bir şey daha vardı
the load too heavy for old hearts to bear
Yaşlı kalplerin taşıyamayacağı kadar ağır yük
But the days passed without any relief
Ancak günler rahatlamadan geçti
and expectation gave place to resignation
ve beklenti yerini istifaya bıraktı
The hopeless resignation of the old
Eskinin umutsuz istifası
sometimes it is miscalled apathy
Bazen yanlış ilgisizlik denir
in this time they hardly exchanged a word
Bu süre zarfında neredeyse hiç kelime alışverişinde bulunmadılar

Now they had nothing to talk about
Artık konuşacak hiçbir şeyleri yoktu
their days were long, from the weariness
Yorgunluktan günleri uzundu

It was about a week after the funeral
Cenazeden yaklaşık bir hafta sonraydı
the old man woke suddenly in the night
Yaşlı adam gece aniden uyandı
He stretched out his hand
Elini uzattı
he found he was alone in bed
Yatakta yalnız olduğunu fark etti
The room was in darkness
Oda karanlıktaydı
The sound of subdued weeping came from the window
Bastırılmış ağlama sesi pencereden geldi
He raised himself in bed and listened
Yatağında doğruldu ve dinledi
"Come back," he said, tenderly
"Geri dön," dedi şefkatle
"You will be cold," he warned her
"Üşüyeceksin," diye uyardı onu
"It is colder for my son," said the old woman
"Oğlum için hava daha soğuk," dedi yaşlı kadın
and she wept even more than before
Ve eskisinden daha fazla ağladı
The sound of her sobs died away on his ears
Hıçkırıklarının sesi kulaklarında kayboldu
The bed was warm and comfortable
Yatakta sıcak ve konforlu
His eyes were heavy with sleep
Gözleri uykudan ağırlaşmıştı
he slept until a sudden cry from his wife awoke him
Karısından gelen ani bir çığlık onu uyandırana kadar uyudu
"The paw!" she cried wildly, "The monkey's paw!"
"Pençe!" diye çılgınca bağırdı, "Maymunun pençesi!"

He got out of bed in alarm
Alarmla yataktan kalktı
"Where? Where is it?" he demanded
"Nerede? Nerede?" diye sordu
"What's the matter with the monkey's paw?"
"Maymunun pençesinin nesi var?"
She came stumbling across the room toward him
Odanın öbür ucundan ona doğru tökezleyerek geldi
"I want the monkey's paw," she said, quietly
"Maymunun pençesini istiyorum," dedi sessizce
"You've not destroyed it, have you?"
"Onu yok etmedin, değil mi?"
"It's in the parlour" he replied, marvelling
"Salonda," diye yanıtladı, hayretle
"Why do you want the monkey's paw?"
"Neden maymunun pençesini istiyorsun?"
She cried and laughed at the same time
Aynı anda hem ağladı hem de güldü
Bending over, she kissed his cheek
Eğilip yanağını öptü
"I only just thought of it," she said, hysterically.
"Sadece düşündüm," dedi histerik bir şekilde.
"Why didn't I think of it before?"
"Neden daha önce düşünmedim?"
"Why didn't you think of it?"
"Neden düşünmedin?"
"what didn't we think of?" he questioned
"Ne düşünmedik?" diye sordu
"The other two wishes," she replied, rapidly
"Diğer iki dilek," diye yanıtladı hızla.
"We've only had one of our wishes"
"Sadece bir dileğimize kavuştuk"
"Was that not enough?" he demanded, fiercely
"Bu yeterli değil miydi?" diye şiddetle sordu
"No," she cried, triumphantly
"Hayır," diye bağırdı muzaffer bir şekilde
"we will make one more wish"

"Bir dilek daha tutacağız"
"Go down and get it quickly"
"Aşağı git ve çabuk al"
"and wish our boy alive again"
"Ve oğlumuzun tekrar hayatta olmasını diliyorum"
The man sat up in bed
Adam yatakta doğruldu
He flung the bedclothes from his quaking limbs
Titreyen uzuvlarından yatak örtülerini fırlattı
"Good God, you are mad!" he cried, aghast
"Aman Tanrım, sen delisin!" diye bağırdı dehşet içinde
"Get the monkey's paw," she panted
"Maymunun pençesini al," diye nefes nefese kaldı
"and make the wish. Oh, my boy, my boy!"
"Ve dilek tut. Ah, oğlum, oğlum!"
Her husband struck a match and lit the candle
Kocası bir kibrit çaktı ve mumu yaktı
"Get back to bed," he said, unsteadily
"Yatağa geri dön," dedi kararsız bir şekilde
"You don't know what you are saying"
"Ne dediğini bilmiyorsun"
"We had the first wish granted," said the old woman, feverishly
"İlk dileğimiz yerine getirildi," dedi yaşlı kadın hararetle
"Why can we not get a second wish granted?"
"Neden ikinci bir dileği yerine getiremiyoruz?"
"A coincidence," stammered the old man
"Bir tesadüf," diye kekeledi yaşlı adam
"Go and get it and wish," cried his wife
"Git ve al ve dile," diye bağırdı karısı
she was quivering with excitement
Heyecandan titriyordu
The old man turned and regarded her
Yaşlı adam döndü ve ona baktı
His voice shook, "He has been dead ten days"
Sesi titredi, "On gün önce öldü"
"and besides... I would not tell you..."

"Ve ayrıca... Sana söylemezdim..."
"but, I could only recognize him by his clothing"
"Ama onu sadece kıyafetinden tanıyabildim"
"he was too terrible for you to see"
"Göremeyeceğiniz kadar korkunçtu"
"how could he be brought back from that?"
"Bundan nasıl geri getirilebilir?"
"Bring him back," cried the old woman
"Onu geri getir," diye bağırdı yaşlı kadın
She dragged him toward the door
Onu kapıya doğru sürükledi
"Do you think I fear the child I nursed?"
"Emzirdiğim çocuktan korktuğumu mu sanıyorsun?"
He went down in the darkness
Karanlıkta aşağı indi
he felt his way to the kitchen
Mutfağa giden yolu hissetti
Then he went to the mantelpiece
Sonra şömine rafına gitti
The talisman was in its place
Tılsım yerindeydi
he was overcome by a horrible fear
Korkunç bir korkuya kapıldı
the fear that his wish would work
dileğinin işe yarayacağı korkusu
his wish would bring his mutilated son back
Dileği, sakatlanmış oğlunu geri getirmekti
he had lost the direction of the door
Kapının yönünü kaybetmişti
but he caught his breath again
Ama yine nefesini tuttu
His brow was cold with sweat
Alnı terden soğuktu
Even his wife's face seemed changed
Karısının yüzü bile değişmiş gibiydi
her face was white and expectant
Yüzü bembeyaz ve beklentiliydi

it seemed to have an unnatural look upon it
Üzerinde doğal olmayan bir görünüm var gibiydi
he was afraid of her
Ondan korkuyordu
"Wish!" she cried, in a strong voice
"Keşke!" diye bağırdı güçlü bir sesle
"It is foolish and wicked," he faltered
"Aptalca ve kötü," diye bocaladı
"Wish!" repeated his wife
"Keşke!" diye tekrarladı karısı
He held the paw and raised his hand
Pençeyi tuttu ve elini kaldırdı
"I wish my son alive again"
"Oğlumun tekrar yaşamasını diliyorum"
The talisman fell to the floor
Tılsım yere düştü
He regarded it fearfully
Korkuyla baktı
Then he sank trembling into a chair
Sonra titreyerek bir sandalyeye gömüldü
The old woman, with burning eyes, walked to the window
Yaşlı kadın, yanan gözlerle pencereye doğru yürüdü
she raised the blinds and peered out
Panjurları kaldırdı ve dışarı baktı
the old woman stood motionless at the window
Yaşlı kadın pencerede hareketsiz duruyordu
he sat until he was chilled with the cold
Soğuktan soğuyana kadar oturdu
occasionally he glanced at his wife
Ara sıra karısına baktı

The candle-end had burned below the rim
Mum ucu jantın altında yanmıştı
the flame threw pulsating shadows on the walls
Alev duvarlara titreşen gölgeler attı
with a flicker larger than the rest, it went out
diğerlerinden daha büyük bir titreme ile söndü

The old man felt an unspeakable sense of relief
Yaşlı adam tarif edilemez bir rahatlama duygusu hissetti
the talisman had failed to grand his wish
Tılsım dileğini yerine getirememişti
so, the old man crept back to his bed
Böylece yaşlı adam yatağına geri döndü
A minute or two afterwards the old woman joined him
Bir iki dakika sonra yaşlı kadın da ona katıldı
she silently and apathetically laid herself beside him
Sessizce ve kayıtsızca kendini onun yanına bıraktı
Neither spoke, but they lay silently
İkisi de konuşmadı, ama sessizce uzandılar
they listened to the ticking of the clock
Saatin tik taklarını dinlediler
they heard the creaking of the stairs
Merdivenlerin gıcırtısını duydular
and a squeaky mouse scurried noisily through the wall
Ve gıcırtılı bir fare duvardan gürültülü bir şekilde koştu
The darkness hanging over them was oppressive
Üzerlerinde asılı duran karanlık bunaltıcıydı
eventually the old man had enough courage again
Sonunda yaşlı adam tekrar cesaretini topladı
he got up and took the box of matches
Ayağa kalktı ve kibrit kutusunu aldı
Striking a match, he went downstairs for a candle
Bir kibrit çakarak bir mum için aşağı indi
At the foot of the stairs the match went out
Merdivenlerin dibinde kibrit söndü
and he paused to strike another match
Ve başka bir kibrit çakmak için durakladı
At the same moment there was a knock
Aynı anda bir vuruş oldu
a knock so quiet and stealthy as to be scarcely audible
Neredeyse duyulmayacak kadar sessiz ve sinsi bir vuruş
the knock came from the front door
Vuruş ön kapıdan geldi
The matches fell from his hand and spilled on the floor

Kibritler elinden düştü ve yere döküldü
He stood motionless on the stairs
Merdivenlerde hareketsiz duruyordu
his breath suspended until the knock was repeated
Vuruş tekrarlanana kadar nefesi askıya alındı
Then he turned and fled swiftly back to his room
Sonra döndü ve hızla odasına geri kaçtı
and he closed the door behind him
Kapıyı arkasından kapattı
A third knock sounded through the house
Evin içinden üçüncü bir vuruş sesi duyuldu
"What's that?" cried the old woman
"Bu da ne?" diye bağırdı yaşlı kadın
"A rat," said the old man in shaking tones
"Bir sıçan," dedi yaşlı adam titreyen bir ses tonuyla
"a rat, it ran past me on the stairs"
"Bir sıçan, merdivenlerde yanımdan geçti"
His wife sat up in bed, listening
Karısı yatakta doğrulmuş, dinliyordu
A loud knock resounded through the house
Evin içinde yüksek bir vuruş yankılandı
"It's Herbert!" she screamed, "it's Herbert!"
"Bu Herbert!" diye bağırdı, "bu Herbert!"
She ran to the door, but her husband was quicker
Kapıya koştu ama kocası daha hızlıydı
he caught her by the arm and held her tightly
Onu kolundan yakaladı ve sıkıca tuttu
"What are you going to do?" he whispered hoarsely
"Ne yapacaksın?" diye fısıldadı boğuk bir sesle
"It's my boy; it's Herbert!" she cried
"Bu benim oğlum; bu Herbert!" diye bağırdı
she struggled mechanically to break free
Kurtulmak için mekanik olarak mücadele etti
"I forgot it was two miles away"
"İki mil uzakta olduğunu unuttum"
"What are you holding me for?"
"Beni ne için tutuyorsun?"

"Let me go. I must open the door"
"Bırak gideyim. Kapıyı açmalıyım"
"For God's sake don't let it in," cried the old man, trembling
"Tanrı aşkına, içeri girmesine izin verme," diye bağırdı yaşlı adam titreyerek
"You're afraid of your own son," she cried, struggling
"Kendi oğlundan korkuyorsun," diye bağırdı, mücadele ederek
"Let me go. I'm coming, Herbert, I'm coming"
"Bırak gideyim. Geliyorum, Herbert, geliyorum"
There was another knock, and another
Başka bir vuruş ve bir tane daha oldu
with a sudden movement the old woman broke free
Ani bir hareketle yaşlı kadın kurtuldu
and she ran out of the room
Ve odadan koşarak çıktı
Her husband followed her to the landing
Kocası onu inişe kadar takip etti
he called after her appealingly as she hurried downstairs
Aceleyle aşağı inerken çekici bir şekilde arkasından seslendi
He heard the chain of the door rattle back
Kapının zincirinin tıkırdadığını duydu
the old woman's voice, strained and panting
Yaşlı kadının sesi, gergin ve nefes nefese
"The latch of the door" she cried, loudly
"Kapının mandalı" diye bağırdı yüksek sesle
"Come down, I can't reach it"
"Aşağı in, ona ulaşamıyorum"
But her husband was on his hands and knees
Ama kocası elleri ve dizleri üzerindeydi
he was groping wildly on the floor
Yerde çılgınca el yordamıyla ilerliyordu
he was frantically searching for the paw
Çılgınca pençeyi arıyordu
If he could only find it before the thing outside got in
Keşke dışarıdaki şey içeri girmeden önce bulabilseydi
A perfect fusillade of knocks reverberated through the house

Mükemmel bir yaylım ateşi evin içinde yankılandı
He heard the scraping of a chair
Bir sandalyenin kazındığını duydu
his wife had put the chair against the door
Karısı sandalyeyi kapıya dayamıştı
He heard the creaking of the bolt
Cıvatanın gıcırtısını duydu
At the same moment he found the monkey's paw
Aynı anda maymunun pençesini buldu
frantically he breathed his third and last wish
Çılgınca üçüncü ve son dileğini söyledi
The knocking ceased suddenly
Vurma aniden kesildi
but the echoes of it were still in the house
Ama yankıları hala evdeydi
He heard the chair being pulled back
Sandalyenin geri çekildiğini duydu
and he heard the door being opened
Ve kapının açıldığını duydu
A cold wind rushed up the staircase
Soğuk bir rüzgar merdivenlerden yukarı fırladı
and a long loud wail of disappointment followed the wind
Ve uzun bir hayal kırıklığı feryadı rüzgarı takip etti
it gave him courage to run down to her side
Bu ona onun yanına koşması için cesaret verdi
Then he ran to the gate of the house
Sonra evin kapısına koştu
The street lamp flickered on a quiet and deserted road
Sokak lambası sessiz ve ıssız bir yolda titredi

The End
Son

www.ingramcontent.com/pod-product-compliance
Lightning Source LLC
Chambersburg PA
CBHW011955090526
44591CB00020B/2779